Die Städtepolitik

im Gebiet des

deutsch=polnischen
Nationalitätenkampfes

Von

Ludwig Bernhard.

(Sonderabdruck aus: „Preußische Städte im Gebiete des polnischen
Nationalitätenkampfes". Schriften des Vereins für Socialpolitik.
Band 119, Teil I.)

Leipzig,
Verlag von Duncker & Humblot.
1909.

Alle Rechte vorbehalten.

Altenburg
Pierersche Hofbuchdruckerei
Stephan Geibel & Co.

Inhalt.

	Seite
Vorbemerkung	5
Selbstverwaltung und Nationalitätenkampf	8
Die Abwanderung der Juden	10
Die Ausschaltung der Polen	15
Die Vorherrschaft der Beamten	18
Die Beseitigung des Steuerprivilegs	22
Die sog. „Gemeindeautonomie"	24
Die „Einkreisung" der Städte	27
Probleme	31

Vorbemerkung.

Nachdem die Landfrage im Kampfgebiet der Nationalitäten zwei Jahrzehnte diskutiert worden ist, tritt mehr und mehr die Städtefrage auf den Plan, und die nächsten Jahre werden wahrscheinlich neue Probleme und Entschlüsse bringen.

Der Verein für Socialpolitik erklärte sich im Januar 1905 damit einverstanden, eine Untersuchung über die Städte, die im Posener Kampfgebiet liegen, durchzuführen und beauftragte mich mit der Herausgabe.

Mein Plan war, erstens eine Schilderung der kleinen Städte zu veranlassen, deren kommunale Verhältnisse interessant und wichtig sind, von deren Schicksal man aber in weiteren Kreisen wenig weiß. Zweitens sollte über eine mittlere Stadt berichtet werden und drittens über die Provinzialhauptstadt Posen und über Bromberg.

Nach vierjähriger Arbeit kann ich jetzt das Ergebnis vorlegen. Über die kleinen Städte[1] berichtet Herr Zitzlaff, Bürgermeister von Marienwerder (Westpreußen), ein genauer Kenner der Kommunalverhältnisse im Osten. Herr Zitzlaff gehört zu den keineswegs zahlreichen Männern, die das kommunale Finanzwesen in allen Details und Finessen völlig beherrschen, und er versteht, klarzumachen, in wie hohem Maße die Freiheit der Selbstverwaltung — von den Finanzen abhängt. Seine Darstellung, die auch den bereits wohlorientierten Lesern Neues bringen wird und positive Vorschläge enthält, ist besonders beachtenswert, weil der Zustand des deutschen Ostens — ich möchte geradezu sagen: die Bewohnbarkeit des Ostens für deutsche Bürger — wesentlich davon abhängt, wie sich die kleinen Städte entwickeln.

Als Typus einer mittleren Stadt im Kampfgebiet wählte ich Gnesen.

---

[1] „Die kleinen Städte, von Bürgermeister Franz Zitzlaff in Marienwerder, Westpr." S. 3—77 dieses Bandes.

Zuerst erhielt ich eine unpersönlich gehaltene, wesentlich historische Darstellung, die jedoch so nichtssagend war, daß ich den Autor bat, auf ihren Abdruck zu verzichten. Auch bei einer anderen Gelegenheit zeigte sich, daß man Objektivität und kühle wissenschaftliche Haltung am leichtesten bei denen erreicht, die den Dingen fernstehen. Mir aber kam es gerade darauf an, Schilderungen zu erhalten, welche die entscheidenden Vorgänge und Konflikte bis ins Innere beleuchten, selbst auf die Gefahr hin, daß der Autor bei einer Darstellung, die ihn selbst tief berührt, in Feuer gerät.

Deshalb bat ich einen Führer der Polen in Gnesen, Herrn Rechtsanwalt Karpiński, der seit vielen Jahren im Leben der Stadt tätig ist, das zu schildern, was er an der Entwicklung und am Zustande Gnesens für das Entscheidende halte. Dieselbe Bitte aber richtete ich an den Generalsekretär des Deutschen Ostmarkenvereins, Herrn Vosberg, und beide Herren sagten mir objektive Darstellungen zu, die im folgenden abgedruckt sind.

Also stehen sich hier zwei einander feindliche Arbeiten gegenüber, die sich auf den gleichen Gegenstand richten[1]. Der Leser empfängt den unmittelbaren Eindruck des Nationalitätenkampfes in der kommunalen Frage und wird aus den charakteristischen Gegensätzen der beiden Darstellungen ein tieferes Urteil gewinnen, als es die kühlste, gelehrte Studie ihm geben könnte.

Die letzte Arbeit schließlich behandelt „Die Stadt Posen unter preußischer Herrschaft"[2]. Sie ist aus den gleichen Fragen entstanden wie die anderen Untersuchungen und hat sich doch von den übrigen Arbeiten nach Form und Inhalt weit entfernt, weil der Gegenstand es forderte.

Die Stadt Posen hat wohl klägliche Zeiten durchlebt, niemals aber kleine Zeiten, denn stets war die Stadt ein Durchgangspunkt großer, historischer Vorgänge. Diese eigenartige Vergangenheit aber ist in den Institutionen der Stadt und in gewissen Schichten der Bevölkerung noch so lebendig, daß der Autor weit zurückgreifen mußte, um den heutigen Zustand und die vorwärtstreibenden Kräfte klarzulegen.

---

[1] „Die Stadt Gnesen, von Fritz Vosberg, Generalsekretär des Deutschen Ostmarkenvereins in Posen." S. 80—182 dieses Bandes. — „Gnesen, von Karpiński, Rechtsanwalt in Gnesen." S. 185—202 dieses Bandes.

[2] „Die Stadt Posen unter preußischer Herrschaft. Ein Beitrag zur Geschichte des deutschen Ostens, von Moritz Jaffé." Die Arbeit bildet den zweiten Teil dieser Publikation und ist gleichzeitig mit dem ersten Teile erschienen.

Eine Schilderung der Stadt Bromberg kann ich leider nicht bieten, so sehr ich mich darum bemüht habe, und das ist gewiß eine Lücke dieser Publikation.

Um Mißverständnissen vorzubeugen, bemerke ich, daß den Polen die Mitarbeit selbstverständlich ganz ebenso offenstand wie den Deutschen, und daß ich mich deswegen an die Herren im „Verein der Freunde der Wissenschaft" (Tow. Przyjaciól Nauk) und an andere führende Männer wandte. Es lag vollkommen in der Hand der Polen, sich über die Städtefrage so ausführlich und offen zu äußern wie die Deutschen.

Zur Einführung der Leser gebe ich im folgenden einige Bemerkungen über die Städtepolitik im Gebiet des deutsch-polnischen Nationalitätenkampfes, die nichts weiter sein wollen als knappgefaßte Hinweise auf die entscheidenden Punkte.

Berlin im Februar 1909.

Ludwig Bernhard.

Die Arbeit des Herrn Zitzlaff wurde im Herbst 1907 fertiggestellt; die Arbeit des Herrn Vosberg im Sommer 1908; die Arbeit des Herrn Karpiński im Januar 1906; die Arbeit des Herrn Jaffé im November 1908.

Selbstverwaltung und Nationalitätenkampf.

In jedem Staatsmechanismus gibt es einen gewissen Spielraum zwischen Staatsverwaltung und Selbstverwaltung, der dadurch entsteht, daß die Behörden die ihnen zustehenden Befugnisse nicht bis zur äußersten Grenze ihres Rechts ausüben wollen oder können[1].

Dieser Spielraum — man könnte ihn den Verwaltungsspielraum nennen — hat die Funktion, den Kräften Platz zu schaffen, die sich unter einem Buchstabenregiment nicht frei bewegen könnten. So finden wir in mancher großen Stadt, wie der Verwaltungsspielraum in edler Weise benutzt wird, um einer starken Persönlichkeit, etwa einem Adickes, Bewegungsfreiheit zu geben. In anderen Städten wirken politische Parteigewalten oder wirtschaftliche Interessengruppen oder soziale Klassenvertretungen — zwischen den Paragraphen. Also dient der Verwaltungsspielraum dazu, der Wirklichkeit, insbesondere der **politischen Situation** gerecht zu werden. **Der Verwaltungsspielraum ist ein Blankoparagraph für die politische Situation.**

Die politische Situation unserer Ostmarken ist den Lesern bekannt, weniger bekannt aber ist das fesselnde Bild, wie der dort alles bestimmende Nationalitätenkampf das Verhältnis der Staatsverwaltung zur Selbstverwaltung völlig verschiebt, ohne daß man auch nur einen einzigen Paragraphen aus der städtischen Verfassung herauszunehmen brauchte.

---

[1] So zeigt z. B. Loening (in seinem Referat über die Verfassung und Verwaltungsorganisation der Städte, Verhandlungen des Vereins für Socialpolitik 1907, S. 170), wie die Staatsverwaltung der städtischen Selbstverwaltung Raum und Luft läßt, obwohl sie im Städterecht über Bestimmungen verfügt, die für eine Bevormundung der Städte die Türe öffnen könnten. — Und dem Verwaltungspraktiker Stadtrat Flesch in Frankfurt a. M. erscheint es geradezu als das Charakteristische, daß die verschiedensten Stadtverfassungen: hier Magistratssystem, dort Bürgermeistersystem; hier Dreiklassenwahlsystem, dort hoher Zensus, da ein abgestuftes Berufsgruppenwahlsystem; hier Bestätigungsrecht der Regierung, dort freie Wahl usw. usw., daß alle diese verschiedenen Formen doch oftmals den gleichen Effekt ergeben. (Siehe Verhandlungen S. 215 ff.)

Darüber, wie die kommunale Selbstverwaltung im Gebiete des Nationalitätenkampfes „beschaffen sein sollte", herrscht augenscheinlich eine seltsame Unsicherheit. Zwar gibt es über diese Frage keine größere Publikation von Bedeutung, jedoch aus der Presse und aus Versammlungsdebatten kann man etwa folgendes Bild der bestehenden Unsicherheit gewinnen:

Die Einen erklären: da die Gemeinden Organe des Staates sind, müssen sie in der wichtigen politischen Frage des Nationalitätenkampfes dem Staatsganzen dienen. Es ist also dafür zu sorgen, daß die kommunale Selbstverwaltung nicht mißbraucht werde, um die Wege der preußischen Polenpolitik irgendwie zu durchkreuzen. Das aber lasse sich mit Sicherheit nur erreichen, wenn man die Polen aus der städtischen Verwaltung ausschalte. Hierfür müsse man alle gesetzlichen Mittel anwenden und, falls diese nicht genügen, eine Änderung der städtischen Verfassung im Gebiete des Nationalitätenkampfes erstreben.

Andere hingegen erklären: die Städte sind als eigene, selbständige Persönlichkeiten gedacht, gerade weil man die städtischen Angelegenheiten von den Fragen der Staatspolitik fernhalten wollte. Es bedeute eine Gefahr für die Städte im preußischen Osten, wenn der Staat die Kommunen seinen politischen Zwecken dienstbar mache, denn das führe zu einer ungewöhnlichen Ausdehnung der staatlichen Kontrollen und Bestätigungsrechte. Städtische Aufgaben lassen sich am besten erfüllen, wenn man die nationalpolitische Frage nach Möglichkeit ausschalte.

Eine dritte Gruppe schließlich ist etwa folgender Meinung: Die gegenwärtige Spannung zwischen den Deutschen und den Polen in Preußen kann auf die Dauer nicht erwünscht sein. Die Entwicklung des Volkslebens im Osten leidet darunter, daß Polen und Deutsche fremd aneinander vorübergehen, und es ist Aufgabe des Staates, den Gegensatz zu mildern, soweit das ohne politische Gefahr geschehen kann. **Hierfür aber bietet die Kommunalverwaltung den gegebenen neutralen Boden.** Denn das starke Heimatsgefühl der Polen, die alte und enge Verbindung polnischer Familien mit unseren Städten könnte benutzt werden, um angesehene Polen von der politischen Agitation hinweg der ruhigen administrativen Betätigung zuzuführen.

Das sind Meinungen und Möglichkeiten. Die Wirklichkeit aber sieht so aus:

In der Bürgerschaft der östlichen Städte vollziehen sich Veränderungen, die neue und schwierige Probleme vorbereiten:

Die Juden, die einen wichtigen Teil der deutschen Bürgerschaft bilden, wandern ab. In die so gelockerte Position aber drängen zwei vorwärtsstrebende Gewalten. Von der einen Seite die Polen, die in ihrem wirtschaftlichen Gemeinwesen ein starkes Bürgertum entwickeln; von der anderen Seite das preußische Beamtentum, das immer entschiedener zum eigentlichen Träger der deutschen Kolonisation und Verteidigung im Osten wird.

Man möge das nicht mißverstehen; ich weiß wohl, daß noch manche andere Kräfte in Betracht kommen, und daß man sich bemüht, ein bodenständiges deutsches Bürgertum zu schaffen. Aber die drei Kräfte sind doch gegenwärtig so stark, daß sie die Entwicklung bestimmen. Soweit die im folgenden abgedruckten Untersuchungen auch voneinander abweichen, diese drei Linien treten gleichmäßig stark hervor: 1. die Abwanderung der Juden; 2. das Emporwachsen eines polnischen Bürgertums; 3. das Vordringen der preußischen Beamtenschaft.

Die Abwanderung der Juden.

Die Abwanderung der Juden vollzieht sich seit der Mitte des 19. Jahrhunderts ohne Unterbrechung. Seit 1840 berichtet jede Volkszählung von einer neuen Verringerung der jüdischen Bevölkerung, während die Polen und die christlichen Deutschen an Zahl zunehmen. In der Stadt Posen waren 1840 etwa 21% der Bevölkerung Juden, im Jahre 1905 nur noch 4%. Im benachbarten Schwersenz war 1840 mehr als die Hälfte der Bevölkerung jüdisch (55%), heute sind es etwa 7%. In Kurnik sank der Anteil der Juden in derselben Zeit von 43% auf etwa 4%, in Schrimm von 27% auf 6%, in Neustadt von 33% auf 8%, in Santomischel von 38% auf 4%, in Krotoschin von 32% auf 7% und ähnlich war der Gang der Dinge in den meisten Städten Posens und Westpreußens, wie man aus den Tabellen auf S. 12 ff. dieses Buches ersehen kann[1].

Aber in dieser ununterbrochenen und scheinbar einheitlichen Entwicklung waren doch ganz verschiedene Kräfte wirksam. Von 1845 bis etwa zum Anfang der 80er Jahre verließen zwar viele Juden den Osten Preußens, gleichzeitig aber stiegen die Juden im Bürgertum der östlichen Städte schnell empor. Die

---

[1] Da die Juden zu 95% in den Städten leben, ist die Judenabwanderung für die Städte von besonderer Bedeutung. Siehe ferner S. 150 ff. die Abwanderung der Juden aus Gnesen.

Auswandernden waren zum großen Teil Proletarier, jüdische Handwerker, die ihr unlohnend gewordenes Gewerbe den Polen überließen[1]. Im Handel jedoch gewannen die Juden an Bedeutung, und nachdem ihnen die volle Teilnahme an allen kommunalpolitischen Rechten gewährt war, wurden sie bald in den Stadtverwaltungen tätig[2]. Ihr steigender Wohlstand ermöglichte ihnen in den meisten Städten eine Rolle zu spielen, und ihr lebhafter Sinn für kommunalpolitische Betätigung, ihre enge Fühlung mit den städtischen Interessen verschaffte ihnen in der Verwaltung Ansehen und Macht.

So vollzog sich gewissermaßen eine Auslese. Der proletarische Jude verschwand allmählich und im deutschen Bürgertum standen die Juden bald an erster Stelle. Sie waren in jedem Sinne fortschrittlich, vertraten den politischen Liberalismus und gingen bei städtischen Reformen den anderen Gruppen und Parteien oft voran.

Jedoch seit etwa zwei Jahrzehnten beginnt auch dieses führende jüdische Bürgertum zu schwinden. Während es im Jahre 1885 in den Städten des Regierungsbezirks Posen 31 000 Juden gab, waren es 1905 nur noch 18 500. Im Regierungsbezirk Bromberg sank während derselben Zeit ihre Zahl von 16 500 auf 10 500; im Regierungsbezirk Marienwerder von 14 600 auf 9 200[3]. In derselben Zeit vermehrte sich die evangelische Städtebevölkerung der drei Regierungsbezirke um 32 %, die katholische Städtebevölkerung sogar um 47 %; und für die Zukunft muß man eine weitere Abwanderung der Juden erwarten, denn die Juden sehen sich zwischen zwei Gewalten, denen sie auf die Dauer nicht widerstehen.

Auf der einen Seite erhebt sich das polnische Gemeinwesen, das in den letzten 20 Jahren groß wurde, von „polnischen Banken", „polnischen Ein- und Verkaufsgenossenschaften", „polnischen Berufsvereinen" getragen; ein polnisches Wirtschaftssystem, das zwar an vielen Stellen mit der deutschen Wirtschaftssphäre in Verbindung steht, das aber von Jahr zu Jahr wachsende Teile des Handels und des Kreditverkehrs den Polen reserviert. Das ökonomisch-politische Mittel, mit dem die Polen sich Bahn brechen, ist der nationale Handelsboykott, verbunden mit einem scharfen

---

[1] Vgl. hierüber Wegener, Der wirtschaftliche Kampf der Deutschen mit den Polen, 1903, S. 140 ff.

[2] Über die Zulassung der Juden zum Bürgerrecht und über die Folgen dieser Maßregel siehe im zweiten Teil dieser Publikation Jaffé, „Die Stadt Posen unter preußischer Herrschaft", S. 178 ff.

[3] „Zwanzig Jahre deutscher Kulturarbeit", Anlage 34.

Antisemitismus — Kauft nicht bei Juden! Leiht nicht vom Juden! Laßt Euch nicht vom Juden bewuchern! Gebt dem Juden nicht Eure Ernte! Laßt Eure Hypotheken nicht vom Juden regulieren! — Das sind die Schlagworte, die man nicht nur in jeder polnischen Zeitung liest, sondern die auch in den Monatsversammlungen der polnischen Bauernvereine immer von neuem wiederholt und von den Leitern der Genossenschaften verbreitet werden.

Wie stark das gewirkt hat, weiß jeder, der den Osten kennt. Wohl aus jeder Stadt, die im Gebiete des polnischen Nationalitätenkampfes liegt, sind jüdische Getreidehändler, Viehhändler, „jüdische Läden" verschwunden, weil die „bank ludowy" und der „Rolnik" (Polnische Ein- und Verkaufsgenossenschaft) ihnen den Verdienst systematisch schmälerten, unterstützt durch den nationalpolnischen Handelsboykott. In den verschiedensten Formen vollzieht sich dieser unvermeidliche Vorgang, der das polnische Gemeinwesen von „Fremdkörpern" befreit.

Die deutsche Gegenaktion aber — und das ist das Entscheidende — vermag den Abzug der Juden nicht zu hindern. Während sich die christliche deutsche Bürgerschaft in den von Neusiedlungen umgebenen Städten beträchtlich vermehrte, nahmen die Juden sogar in Städten, die mitten in neuen Ansiedlungen liegen und deren Gewerbetreibende daher viele Aufträge und Lieferungen erhalten, von 1885—1905 um fast 40 % ab (39,59 %), und zwar hat sich die Abwanderung gerade in den letzten 5 Jahren erheblich verstärkt[1].

Man erkennt daraus, daß die deutsche Bürgerschaft je nach ihrer Konfession oder Rasse ganz verschieden getroffen wird. **Die jüdischen Deutschen wandern ab, die christliche deutsche Bürgerschaft hingegen nimmt in den Ansiedlungsstädten zu.**

Neben der Bevölkerungsverschiebung also, die sich zwischen Deutschen einerseits und Polen andrerseits vollzieht, geht innerhalb der deutschen Bevölkerung selbst eine noch viel schnellere Verschiebung vor sich, die den jüdischen Anteil verringert, den christlichen Anteil vermehrt.

Diese Verschiebung innerhalb der deutschen Bürgerschaft hängt mit dem Charakter der preußischen Kolonisationspolitik eng zusammen:

Die preußische Politik beruht auf dem Gedanken, man müsse dem Vordringen der Polen eine deutsche Kolonisation entgegenstellen und die

---

[1] Siehe Näheres in der Regierungsdenkschrift „Zwanzig Jahre deutscher Kulturarbeit", S. 137 ff. In den „Nichtansiedlungsstädten", wo die Juden dem polnischen Handelsboykott noch mehr ausgesetzt sind, betrug die Abwanderung von 1885 bis 1905 sogar 54,25 %.

Stellung der Deutschen wirtschaftlich befestigen. Jedoch als sich vor 20 Jahren die ersten deutschen Siedlungen zu entwickeln begannen, zeigte sich, daß das Unternehmen hoffnungslos sein werde, wenn man den unreellen Zwischenhandel auf dem platten Lande nicht beseitige. Man sah ferner, daß man irgendein Mittel finden müsse, um den angesiedelten Bauer „von der Staatsschürze loszumachen". Ein abhängiges, kleines deutsches Bauerntum drohte zu entstehen, das sich mit seinen Kreditforderungen und kleinen Nöten immerfort an den allmächtigen Fiskus wandte, und das dem Wucher verfiel, sobald die Behörde ihre Hilfe verweigerte.

Man kann heute, wenn man den Dingen unbefangen gegenübersteht, nicht mehr bezweifeln, daß die ganze deutsche Siedlungspolitik an jenen Schwierigkeiten gescheitert wäre, hätten nicht einige Männer die Begründung landwirtschaftlicher Genossenschaften ins Werk gesetzt, die den Ansiedler allmählich selbständig machten und ihn zugleich gegen Ausbeutung sicherten.

Sehr bald erkannte man, daß das aus der Not des Tages geborene Unternehmen von weit größerer Tragweite war, als seine Urheber angenommen hatten, denn jetzt konnte man hoffen, dem geschlossenen und befestigten nationalpolnischen Wirtschaftssystem ein festes deutsches Wirtschaftssystem entgegenzustellen.

Unter den Männern, welche diese Meinung vertreten, sind einige Organisatoren, die den folgenreichen Plan ins Werk gesetzt haben, das deutsche Genossenschaftswesen eng mit den Kolonisationen des Staates zu verbinden. Staatliche Organe und private Körperschaften wirken Hand in Hand; von der Ansiedlungskommission werden die Güter beschafft, die Ansiedler herbeigeführt, die Kolonien begründet, also die fundamentalen Arbeiten geleistet. Die Genossenschaften aber führen das Werk weiter, organisieren die Märkte, halten den Waren- und Kreditverkehr im Gang und suchen die neu Angesiedelten mit den Ansässigen fest zu verbinden.

In dem so entstehenden Wirtschaftssystem aber ist für den agrarischen Zwischenhandel, der in Posen-Westpreußen meist in Händen von Juden liegt, nicht viel Raum, und deshalb betrachten die jüdischen Kaufleute, die zum großen Teil von dem agrarischen Zwischenhandel leben, das emporsteigende neue Wirtschaftssystem als eine Gefahr. „Der Ansiedlungskommission", so heißt es in einer Eingabe der Handelsvertretungen von Posen und Westpreußen, „sind zur Ansiedlung deutscher Bauern große Mittel überwiesen worden ... Sind infolgedessen in manchen Gegenden der Provinzen Posen und Westpreußen die Ansiedlungsgüter und die Besitzungen der angesiedelten Bauern schon ziemlich dicht gesät, so ist zu erwarten, daß das Netz dieser Ansiedlungen mit der Zeit diese Provinzen immer enger überspannen wird und daß sie wesentlichen Teilen ihr wirtschaftliches Gepräge geben werden. Dieses Gepräge findet nicht zum wenigsten seinen Ausdruck in der Ausschaltung des Zwischenhandels in allen denjenigen Erzeugnissen, die von den Ansiedlern geerntet, und in denjenigen Artikeln, die von ihnen ... gebraucht werden, und zwar **durch den von allen staatlichen Faktoren geförderten Zusammenschluß der Ansiedler zu Genossenschaften Raiffeisenscher Organisation. Wir müssen also mit der durch die fortschreitende Ansiedlung bedingten Verdrängung eines wesentlichen Teils der Kaufleute aus unsern beiden Provinzen rechnen...**" Um ganz deutlich zu zeigen, daß sich insbesondere die Juden durch das genossenschaftliche System bedroht fühlen, zitiere ich noch folgenden Satz: „Da die Händler mit landwirtschaftlichen Produkten und Wirtschaftsbedürfnissen in den beiden Provinzen großenteils jüdischen Glaubens sind, so mag gerade der in landwirtschaftlichen Kreisen seit vielen Jahren verbreitete Antisemitismus seinen Teil zur Entwicklung des landwirtschaftlichen Genossenschaftswesens beigetragen haben, ebenso die überall hervortretende Gegnerschaft dieser Kreise gegen den Handel, für welche Kaufmann und Jude synonyme Begriffe sind" [1].

Die Forderungen der Kaufleute zielen auf eine Öffnung des sich mehr und mehr abrundenden und abschließenden Wirtschaftssystems, denn man verlangt direkt die Lösung des Verhältnisses der Ansiedlungskommission zu den landwirtschaftlichen Genossenschaften und die Unterlassung der Gründung von Ein= und Verkaufsgenossenschaften. Um schließlich auch den indirekten Zusammenhang zwischen Behörden und Genossenschaften zu lösen, fordert man das Verbot der Beteiligung von Staats= und Kommunalbeamten an der Verwaltung Warenhandel treibender Genossenschaften [2].

---

[1] „Die Schädigung des Handels in den Provinzen Posen und Westpreußen..." im Auftrage des Verbandes der amtlichen Handelsvertretungen Posens und Westpreußens verfaßt von Dr. Hampke, Posen 1906.

[2] In einer Konferenz, die im Dezember 1902 im Landwirtschaftsministerium stattfand, stellten die Vertreter des Handels diese Anträge. In der 1906 veröffentlichten Schrift: „Die Schädigung des Handels in den Provinzen Posen und Westpreußen" wurde das wiederholt.

Hier stehen einander zwei verschiedene Wirtschaftssysteme gegenüber. Auf der einen Seite der „freie Verkehr", auf der anderen Seite der „genossenschaftlich gebundene Verkehr". Die Hauptvertreter des freien Handelsverkehrs im Osten sind die jüdischen Kaufleute, die seit Generationen in diesem Handel leben und ihn vollkommener beherrschen als die christlichen Kaufleute. Die Vertreter der genossenschaftlichen Bindung hingegen sind erstens die Grundbesitzer, zweitens diejenigen deutschen Gewerbetreibenden, die als Genossenschaftsbeamte oder Lieferanten von dem neuen System Vorteil haben und drittens die führenden Männer, die dem geschlossenen polnischen Wirtschaftssystem ein geschlossenes deutsches System entgegenstellen wollen.

In diesem Konflikt wird, so glaube ich, das System der genossenschaftlichen Bindung siegen. Denn die Leiter der preußischen Ansiedlungspolitik, die das Netz staatlicher Organisation und genossenschaftlichen Zusammenhanges in den letzten zehn Jahren mühsam und kunstvoll geknüpft haben, erwarten gerade von dieser Leistung große Erfolge, und wenn man auch in manchen Punkten ändern und ergänzen und kaufmännisch reformieren mag, ist es doch höchst unwahrscheinlich, daß man das System selbst wieder zugunsten der Handeltreibenden auflösen wird. Also erheben sich sowohl auf deutscher wie auf polnischer Seite Organisationen, die die Tätigkeit der Juden in Posen und Westpreußen einengen, indem sie den agrarischen Zwischenhandel ausschalten und teils offen, teils heimlich antisemitische Strömungen verstärken und ausnutzen. Es entsteht im preußischen Osten eine wirtschaftliche Situation und eine gesellschaftliche Stimmung, die den Juden den Aufenthalt verleidet. Man muß deshalb damit rechnen, daß die Abwanderung der Juden, die sich seit mehreren Jahrzehnten vollzieht, nicht zum Stillstand kommen wird. Das aber bedeutet, daß der Teil der deutschen Bevölkerung, der in den Städten heute noch an erster Stelle steht, der in vielen Städten die erste Wahlabteilung völlig beherrscht und heute noch überall in den Stadtverwaltungen Posens und Westpreußens eine erhebliche Rolle spielt, allmählich an Bedeutung verlieren wird.

Die „Ausschaltung" der emporsteigenden polnischen Bürgerschaft.

In früheren Jahrzehnten suchte man in Posen zu verhindern, daß die kommunalen Angelegenheiten zu nationalpolitischen Kampfobjekten würden, und die Parteien schlossen deshalb in vielen Städten überein=

stimmend folgendes Kompromiß: Wahlkämpfe finden nicht statt, vielmehr werden die Kandidaten der I. Abteilung von den liberalen (meist jüdischen) Deutschen, die der II. Abteilung von den konservativen (meist christlichen) Deutschen, die der III. Abteilung von den Polen gewählt. Man sprach geradezu von „den drei Nationalitäten" (Deutsche, Polen und Juden), ein lässiger Sprachgebrauch, der nicht so böse gemeint ist, wie manche heute glauben. So kam es, daß in vielen Stadtverordnetenversammlungen „die drei Nationalitäten" gleichmäßig verteilt waren.

In der Zeit der „Versöhnungsära" (1891—94) breitete sich diese Gewohnheit weiter aus, da die Regierung sie begünstigte. Seit 1895 jedoch wendete sich das Blatt. Der Deutsche Ostmarkenverein ging in lebhafter Agitation an „die Ausschaltung des polnischen Elements aus der Stadtverwaltung" und erzielte von Wahl zu Wahl größere Erfolge.

Will man sich von diesen erbitterten Kämpfen eine deutliche Vorstellung machen, so halte man nebeneinander, was auf S. 155 ff. dieses Bandes der Posener Generalsekretär des Ostmarkenvereins, auf S. 185 ff. aber ein kommunalpolitischer Führer der Polen schreibt. Der leidenschaftliche Gegensatz dieser beiden Darstellungen ermöglicht ein besseres Urteil, als man es etwa aus einer kühlen, historischen Betrachtung gewinnen könnte. Beide Männer bemühen sich, objektiv zu schildern, beide stehen mit ihrem Namen für die Richtigkeit ihrer Darstellung ein, und indem sie sich bekämpfen — ohne voneinander zu wissen —, lassen sie die Vorgänge lebendig vor uns erstehen.

Die Ausschaltung der Polen wird dadurch beschleunigt, daß die Staatsverwaltung mit ihrer Autorität und mit ihrer Beamtenschaft zu Hilfe kommt und von ihrem Kontroll- und Bestätigungsrecht jeden zulässigen Gebrauch macht.

Geheimrat Loening, der die Untersuchungen über die Stadtverwaltungen von Preußen leitete, stellte fest, daß die Fälle selten sind, in denen die Regierung den gewählten Mitgliedern des Magistrats ihre Bestätigung versagt. „In der Regel ist die Genehmigung eine reine Form, durch welche die Freiheit der Stadtverordneten in der Besetzung des Magistrats tatsächlich nicht beschränkt wird[1]."

Ganz anders im Gebiete des polnischen Nationalitätenkampfes! Die Staatsverwaltung handhabt das Bestätigungsrecht so, daß ein polnischer oder den polnischen Bestrebungen günstiger Magistrat unmöglich wird.

---

[1] Loening in seinem Referat über die Verfassung und Verwaltungsorganisation der Städte. Verhandlungen des Vereins für Socialpolitik, 1907.

Da nun aber gleichzeitig das polnische Bürgertum von Jahr zu Jahr erstarkt, entsteht eine Kontrastentwicklung, die uns die Arbeiten über Gnesen (S. 81 ff. und S. 185 ff.) deutlich schildern:

„Obwohl die polnische Majorität scheinbar unschädlich ist, ist Gnesen doch eine Hochburg des Polentums," sagt Vosberg S. 84; oder S. 105: „So sehen wir weiterhin, daß sie in Gnesen-Stadt in ihren Kassen, im Grundbesitz und in der Bevölkerungsziffer starke, den Deutschen zum Teil überlegene Kräfte besitzen. Es ist also durchaus berechtigt, Gnesen heute noch als Hochburg des Polentums zu bezeichnen. Um so auffallender ist es, daß die Polen auch nicht den geringsten Einfluß in der Stadtverwaltung und auf dieselbe auszuüben imstande sind, daß es gelingt, sie völlig davon fernzuhalten."

Noch deutlicher wird der Kontrast zwischen der Entwicklung des Polentums und der „Ausschaltung der Polen aus der Stadtverwaltung", wenn man liest, wie die Polen in Gnesen eine bedeutende Bank „Kasa pozyczkowa" entwickelt haben. S. 93 ff. „Es ist höchst charakteristisch, daß die Entwicklung dieser Bank, die früher lange Zeit stagnierte, genau mit den Jahren beginnt, wo der polnische Kampf um den Boden, der oben geschildert wurde, einsetzt. Um die Mitte der 90er Jahre nämlich hebt sich die Geschäftstätigkeit der Bank. Es bietet sich ihr gewinnbringende Tätigkeit, und die Depositen steigen. ... Kein Güterkauf, kein Güterverkauf, keine Melioration, keine Parzellierung ging ohne Eingreifen der Kasa pozyczkowa von statten. Kein Wunder, daß dieses so rührige Institut sich rings im Kreise bald einer großen Beliebtheit erfreute, und daß man von allen Seiten die überflüssigen Gelder, Ersparnisse usw. in diese Kasse trug. So ist es der Kasa pozyczkowa gelungen, im letzten Jahrzehnt zu einer der bedeutendsten polnischen Banken zu werden." Ferner zeigt Vosberg, wie die Polen in dem für städtische Fragen so wichtigen Grundstückserwerb den Deutschen überlegen sind (S. 96), und wie sich die polnische Bevölkerung, „trotz der seit 1860 in Gnesen befindlichen Garnison, trotz der im Laufe der Jahre verstärkten oder neu begründeten Behörden mit ihren deutschen Beamten, trotz der Ansiedlungstätigkeit im Kreise nicht nur nicht verringert, sondern prozentual etwas stärker zugenommen hat als die deutsche Bevölkerung." (S. 97.)

Demgegenüber aber steht die andere Tatsache:

Im Jahre 1897 saßen im Gnesener Stadtparlament 6 Polen neben 6 christlichen und 6 jüdischen Deutschen und im Magistrat 2 polnische Stadträte.

Seit 1901 jedoch sind die Polen in der Stadtverordnetenversammlung nicht mehr vertreten, und seit 1904 ist auch der Magistrat rein deutsch zusammengesetzt.

Diese konträre Entwicklung, die dem Deutschen „auffällt", trifft die Polen so unmittelbar, daß es für sie eine politische Lebenserfahrung geworden ist, wie die Zunahme an bürgerlicher Kraft einer Abnahme an Einfluß in der Stadtverwaltung entspricht. Da sich solche Kontrastwirkung in fast allen Städten im Gebiete des polnischen Nationalitätenkampfes zeigt, verstärkt sich die Spannung zwischen dem Vorwärtskommen und dem Rückwärtsgleiten der Polen.

Vorwärts kommen die Polen in ihrem Wirtschaftssystem, das sie, geschützt durch das Genossenschaftsgesetz, entfalten.

Rückwärts gleiten sie, wo das Klassenwahlrecht der Städteordnung und das Bestätigungsrecht der Regierung ihnen im Wege steht.

Daher ist wohl zu begreifen, daß die hervorragendsten Polen sich heute fast ausschließlich dem lohnenderen Ausbau des polnischen Wirtschaftssystems zuwenden, und daß die Polen im Kampf um die Stadtverwaltung heute keinen Marcinkowski und keinen „nach der Stadt gravitierenden Adel" besitzen.

Die Vorherrschaft der Beamten.

Neben den jüdischen Bürgern, deren Stellung durch Abwanderung geschwächt wird, und gegenüber den Polen, die trotz ihrer starken Entwicklung dem städtischen Wahlsystem nicht gewachsen sind — steht die christliche deutsche Bürgerschaft, die in ihrer sich verschiebenden und noch unfertigen Struktur schwer zu charakterisieren ist. Denn die preußische Kolonisationspolitik wirkt so stark auf die Zusammensetzung und Haltung der schnell wachsenden Schicht, daß sich ein völlig klares Bild kaum gewinnen läßt, und ich betrachte es als ein Hauptverdienst der folgenden Arbeiten, daß sie das Verständnis dieser sich neu gruppierenden Bürgerschaft erleichtern.

In der christlichen deutschen Bürgerschaft der östlichen Städte spielt heute das preußische Beamtentum eine große Rolle, denn nicht nur besteht die Bürgerschaft zum Teil aus Staatsbeamten, sondern sie wird auch in ihren übrigen Teilen vom Beamtentum beeinflußt. Gewiß beruht das einigermaßen darauf, daß die Durchführung der Polenpolitik neue Behörden und Vergrößerungen des Beamtenkörpers erforderlich macht. Entscheidend aber ist nicht die Masse sondern die Geistesverfassung und das politische Bewußtsein der Beamtenschaft in Posen und Westpreußen.

Damit berühre ich einen Punkt, der für die Gegenwart und Zukunft unseres Ostens so wichtig ist, daß er ohne jede politische Nüance völlig kühl und objektiv behandelt werden muß. Ich bitte daher den Leser, soweit er das vermag, politische Gedankenreihen auszuschalten, wenn er die folgenden Tatsachen beurteilt:

Die preußischen Kolonisationen werden im wesentlichen von Staatsbehörden geleitet. Aber auch die scheinbar privaten Unternehmungen, die ein Gegengewicht gegen die polnischen Wirtschaftsorganisationen bilden, sind zum Teil von Beamten ins Leben gerufen worden; außerdem steht ein bedeutender Teil der landwirtschaftlichen Genossenschaften mit der Ansiedlungsbehörde in Verbindung.

Aus der politischen Lage ergibt sich ferner, daß die „kämpfenden Behörden" nicht nur im Vordergrunde des Interesses stehen, sondern auch mit besonders energischen Beamten besetzt werden müssen. Man hütet sich wohl, in die Ämter der wirtschaftspolitischen Aktion Männer zu setzen, die sich vom Nationalitätenkampfe fernhalten. Das gilt nicht nur vom Oberpräsidium und von der Ansiedlungskommission, sondern auch andere staatliche Verwaltungsinstanzen fühlen sich im Osten als Verteidiger, so die Regierungen und selbstverständlich die Landräte, von deren Wachsamkeit und von deren Vorschlägen die Informationen und Aktionen der Zentralinstanzen wesentlich abhängen.

Der Korpsgeist der preußischen Staatsbeamten wird also im Osten politisch geschärft, der Beamte sieht, wie das liberale deutsche Bürgertum mit der Abwanderung der Juden zerbröckelt, er sieht, wie die deutsche Gegenwehr wesentlich von Behörden und Beamten dirigiert wird, und fühlt sich daher als Träger der Aktion. Das Gefühl, das sich aus den Tatsachen notwendig ergibt, erzeugt je nach der Persönlichkeit des Beamten eine verschiedene Grundstimmung. In jedem Falle aber wird das politische Empfinden gestärkt und ein bewußtes Hervortreten des Beamtentums begünstigt.

Auch die administrative Maschinerie wird durch die politischen Zustände beeinflußt: Aus der Notwendigkeit, im Kampfe gegen das polnische Gemeinwesen schnell zu handeln, ergeben sich schnelle und energische Entschlüsse, und gelegentlich wird ein rücksichtsloses Funktionieren des bürokratischen Apparates unvermeidlich. Aus der Gefahr aber, von den Polen überrumpelt zu werden, ergibt sich ein begreifliches Streben nach Geheimhaltung, ein systematisches Bemühen, den Verwaltungsmechanismus diskret abzuschließen.

Mit einem Worte: **die politische Situation im Osten stärkt alle diejenigen psychologischen und mechanischen Elemente, die dem Beamtentume eine Vorherrschaft und energische Aktion sichern können.**

Hierzu aber kommt die wirtschaftliche Situation, die ebenfalls dazu beiträgt, das Beamtentum zu stärken: die relative Armut der Bürgerschaft in den östlichen Städten erleichtert es den Beamten, als wirtschaftliche Macht aufzutreten, und da sich die Beamten in vielen Städten eng zusammenschließen, repräsentieren sie sogar eine sehr respektable Größe, die für die Existenz mancher Kaufleute und Handwerker entscheidend ist[1].

Aus allen diesen Gründen ist die Beamtenschaft in den östlichen Städten zu einer großen Macht gelangt, und es ist begreiflich, daß sie **auch auf die Selbstverwaltung der Städte Einfluß gewinnen will.**

Die folgenden Arbeiten zeigen nun in höchst interessanter Weise, wie das Beamtentum zum Ziel zu gelangen sucht:

Eine angemessene Teilnahme an den kommunalen Wahlen wird durch das Steuerprivileg verhindert; denn die Beamten kommen nur mit ihrer halben Steuerkraft zur Geltung, werden also durch ihr Privileg gehemmt.

So erklärt es sich, daß die Beamten trotz ihrer Masse und Macht nur wenige Sitze in den Stadtparlamenten innehaben, und man könnte leicht den „statistischen Nachweis" erbringen, daß sie in der Selbstverwaltung der Städte eine auffallend geringe Rolle spielen[2].

Trotzdem geht durch die Beamtenschaft ein starker Zug, die kommunalen Verhältnisse zu beeinflussen. Boßberg zeigt z. B., wie die Beamten, obwohl sie in Gnesen nur wenige Stadtverordnetensitze innehaben, doch den Umschwung seit 1897, die Ausschaltung der Polen,

---

[1] Man lese z. B., was darüber S. 117 ff. mitgeteilt wird.
[2] In Posen: „Unter den 56 Stadtverordneten sind 5 Lehrer, 3 höhere Staatsbeamte und 3 Subalternbeamte." II. Teil, S. 418. — In Gnesen: „Unter den Mitgliedern des Magistrats und der Stadtverordnetenversammlung waren von 1903—1906 nur 1 höherer und 4 mittlere Beamte. I. Teil, S. 129.

herbeigeführt haben. „Trotz der geringen Beteiligung an der Verwaltung der Stadt hat die Beamtenschaft dennoch einen erheblichen kommunalpolitischen Einfluß ausgeübt, und zwar durch den im Jahre 1897 gegründeten deutschen Wahlverein, den ein Gymnasialdirektor leitete und in dem die Beamtenschaft überwog ... Dem Einfluß der deutschen Beamtenschaft neben dem energischen Auftreten der deutschen Presse Gnesens ist die Ausmerzung der polnischen Mitglieder der Stadtverwaltung zuzuschreiben." (S. 124.)

Jaffé berichtet, wie die rechte Seite der Stadtverordnetenversammlung in Posen von der Beamtenschaft „sowohl der auf der Szene, wie der hinter den Kulissen agierenden" geführt wird[1].

Etwas anders sehen die Formen aus, in denen sich die Beherrschung der kleinen Städte vollzieht. Die kleinen Städte in Posen und Westpreußen leiden unter ihrer ungünstigen Finanzlage, die zum Teil darauf beruht, daß einerseits die im nationalen Interesse geförderte Entwicklung des Ostens die Schullasten und Kreisabgaben erhöht, andrerseits der nationale Kampf die Wohlhabenden verscheucht. Auch hierbei ist die Abwanderung der Juden von Bedeutung. Will man sich von den finanziellen Verhältnissen der kleinen Städte ein Bild machen, so lese man, was Zitzlaff S. 26—60 ganz ausführlich darlegt. Seine Darstellung des Finanzwesens aber gipfelt darin, daß die finanzielle Abhängigkeit der kleinen Städte notwendig zu einer faktischen Ausschaltung der Selbstverwaltung führt: (S. 60) „Formell, gesetzlich gilt für sie (die kleinen Städte) dieselbe Selbstverwaltung, dieselbe Städteordnung wie für die Großstädte der östlichen Provinzen. In der Sache ist ihre Selbstverwaltung auf das weitgehendste durch den Kreisverband eingeschränkt, die ungeheure Belastung hemmt ihre freie Tätigkeit allenthalben. Es ist nur naturgemäß, wenn so stark belastete Gemeinden nur die notwendigsten Aufgaben erledigen, solche aber, zu deren Erfüllung nicht direkt staatlicher Zwang besteht, nach Möglichkeit von sich abzuhalten suchen. Die hohe Belastung zwingt aber auch unsere Städte immer wieder, die Unterstützung des Kreises, der Provinz und des Staates nachzusuchen, die ihnen dann auch je nach dem Befinden der entscheidenden Behörden widerruflich gewährt wird. Daß damit schließlich noch die letzte Spur Selbstbestimmung beseitigt wird, leuchtet ein, da die über die Gewährung

---

[1] Teil II, S. 419. Jaffés Arbeit schildert den ganzen Prozeß sehr anschaulich und subtil.

der Zuschüsse befindenden Instanzen selbstverständlich eine genaue Nachprüfung des Etats der unterstützten Gemeinden vornehmen, um festzustellen, ob nicht etwa sonst nach ihrem Befinden unnütze Ausgaben gemacht werden. Alle diese Umstände wirken zusammen, um die für unsere Städte formell bestehende Selbstverwaltung zu einem leeren Wort, ohne materiellen Inhalt zu gestalten[1]."

Zu alledem aber kommt noch die wichtige Frage: Wer übt die Polizeigewalt in den Städten aus? Auch hier heißt es: „Der Zug geht immer mehr dahin, die eigentliche Polizeiverwaltung in der Hand der höheren Behörden zu vereinigen." (S. 75.) Auch hier find es im letzten Grunde nationalpolitische Momente, die unaufhaltsam dahin treiben, die Polizeimacht zu zentralisieren.

Die Beseitigung des Steuerprivilegs.

In dem Terzett — Judenabwanderung, Polenausschaltung, Beamtenherrschaft — ist die stärkste Tendenz heute noch gehemmt durch das Steuerprivileg, das die Beamten zu Halbbürgern macht.

Die Beseitigung des Steuerprivilegs würde also der Hauptmacht freie Bahn schaffen und folgende Wirkungen haben:

Erstens: Die Beamten rücken in die zweite Wahlabteilung, zum Teil sogar in die erste Wahlabteilung.

Zweitens: Dem Andrang der Polen zur städtischen Verwaltung stellt sich dadurch ein neuer und verstärkter Widerstand entgegen.

Drittens: Die entscheidende Bedeutung der Juden für die kommunalen Wahlen würde sich verringern.

Wie stark sich diese dreifache Verschiebung geltend machen würde, kann man nicht genau voraussagen. Nur ist sicher, daß ganz erhebliche Wirkungen in Betracht kommen, denn die Steuervermehrung — von der ja die Steigerung der Wählerkraft abhängt — würde bei völliger Beseitigung des Beamtenprivilegs in der Stadt Posen 16,3 % (des Gesamtsteuersolls) betragen, in Bromberg sogar 33 %, in Gnesen 30 %, in Hohensalza 16,3 %, in Schneidemühl 27,8 % und im Durchschnitt aller posenschen Städte: 19,4 %[2].

---

[1] Zitzlaff schlägt vor, die Selbstverwaltung der kleinen Städte im Osten formell einzuschränken, damit sie auf dem engeren Gebiete sich freier betätigen kann.

[2] Berechnet vom Bürgermeister von Schneidemühl, Herrn Dr. Krause, der dem außerordentlichen Städtetage der Provinz Posen im Dezember 1908 Tabellen hierüber vorlegte.

Die politische Wirkung der Steuerverschiebung käme sicherlich sehr bald zum vollen Ausdruck, da sie unterstützt wird durch die relative Armut der östlichen Bürgerschaft und durch die Spannungen des Nationalitätenkampfes.

Also ist in den kommunalen Verhältnissen des Ostens noch eine neue politische Möglichkeit verborgen, die über kurz oder lang benutzt werden wird. Denn heute üben die Beamten ihren Einfluß zum großen Teil indirekt aus, wie wir sahen: teils durch Agitation (Gnesen S. 124), teils durch ein stilles Wirken (die Stadt Posen S. 419), teils durch die Finanzkontrolle der Behörden (die kleinen Städte S. 60). Sie beeinflussen also die Kommunen gewissermaßen hinten herum, ohne daß sie genügend Gelegenheit haben, sich als Stadtverordnete mit den städtischen Interessen und Aufgaben intim vertraut zu machen und so in engere Fühlung mit den führenden Bürgern zu kommen.

Das wird in dem Moment anders werden, wo die Beamten mit Beseitigung des Privilegs ein verstärktes aktives Wahlrecht erhalten. Sie werden dann mehr als bisher für die Wahl von Stadtverordneten aus ihrer Mitte sorgen können, um direkt an den Beratungen und Arbeiten der Städte teilzunehmen.

Gesunder wäre es sicherlich, wenn ein kräftiges Bürgertum ohne starken Beamteneinschlag die kommunalen Arbeiten allein erledigen könnte. Aber im deutsch-polnischen Kampfgebiet gibt es leider heute kein kräftiges Bürgertum und so wird die geschilderte Entwicklung sicherlich auf ihrem dreigeteilten Wege weiterrücken[1].

Die sogenannte "Gemeindeautonomie".

Niemand wird behaupten, daß die Entwicklung der kommunalen Selbstverwaltung im preußischen Osten "gesund" sei, denn unter dem Drucke des Nationalitätenkampfes droht die deutsche Bürgerschaft zu zerbröckeln, und trotz aller Bewegung und Erregung erstarrt das bürgerliche Leben.

Da liegt die Frage nahe, ob es nicht vielleicht in Österreich, dem klassischen Lande der Nationalitätenkämpfe gelungen ist, die kommunale Verwaltung gegen die Unbilden des Nationalitätenkampfes zu sichern und ob wir nicht von Österreich lernen könnten:

---

[1] Am 29. Dezember 1908 tagte in Posen ein außerordentlicher Städtetag, der wesentlich aus finanziellen Gründen die Beseitigung des Steuerprivilegs forderte.

Die berühmte österreichische Gemeindeordnung ist die fast ideale Verwirklichung der sogenannten „Gemeindeautonomie". Sie ruht auf dem Gedanken, daß „die freie Gemeinde die Grundlage des freien Staates sei", und daß nur in der freien Gemeinde die politische Erziehung des Volkes geschehen könne. Demgemäß wählt die Gemeinde ihre Organe selbst. „Alle diese Wahlen vollziehen sich durchaus frei von jeder rechtlichen Einmischung der Regierungsbehörden; und daß das auch tatsächlich — in den alten Erbländern — ausnahmslos der Fall ist, bildet eine der charakteristischen Erscheinungen des österreichischen Staatslebens. Auch fehlt das Institut der besonderen Bestätigung der Wahlen durch die Staatsbehörden; nur dies verordnet das Gesetz, daß der Gemeindevorsteher und die Gemeinderäte beim Antritt ihres Amtes Treue und Gehorsam dem Kaiser, Beobachtung der Gesetze usw. zu geloben haben. In der Tat vollziehen sich in allen österreichischen Gemeinden die Wahlen als ein Prozeß freier politischer und gesellschaftlicher Tätigkeit. In allen Kronländern fungiert das für die Landes- und Reichspolitik bestehende Parteiwesen auch in den Gemeinden und deren Vertretungen als das formgebende politische Moment. Zumal in den national gemischten Ländern bilden die zu Zwecken der Wahl der Gemeindevertretung bestehenden politischen Organisationen innerhalb der einzelnen Nationalitäten zugleich auch den festen Unterbau für die gesamte politische Landes- und Reichsorganisation der Volksstämme und Parteien".[1]

Also ist in Österreich — auch in den Gebieten des Nationalitätenkampfes — die „freie Gemeinde" Wahrheit geworden. (Abgesehen natürlich von den Wochen, in denen zufällig der Belagerungszustand oder das Standrecht proklamiert sind.)

Begibt sich jedoch der Reichsdeutsche über die österreichische Grenze, um über die berühmte Selbstverwaltung Genaueres zu hören, so erfährt er zu seinem Erstaunen: **Das System der Gemeindeautonomie sei in den Gebieten des Nationalitätenkampfes zu einer peinlichen Herrschaft von Koterien und Cliquen entartet, im Vergleich mit der selbst die Allregierung einer Bureaukratie noch wohltätig erscheint.** Einer der besten Kenner des österreichischen Gemeindewesens schrieb im März 1908: „Die ‚freie' Gemeinde, die ‚mit eigener Kraft ihre eigensten Interessen besorgt', existiert schon längst nicht mehr; sie ist untergegangen in dem

---

[1] Josef Redlich, Grundzüge des geltenden österreichischen Gemeinderechts, Bd. 122 der Schriften d. V. f. S., S. 106 ff.

Wettrennen um die Gunst derer, die Geld zu verteilen vermögen. In den Vorzimmern der Landesausschüsse finden wir bittend die Vertreter der ‚freien' Gemeinde; denn das kaum vermeidliche freie Ermessen bei der Geldzuwendung fördert die Protektion im bösesten Wortsinne.... Der Abgrund, der durch Subventionen ausgefüllt werden soll, ist einfach unergründlich. Wer einmal mit Erfolg betteln gelernt hat, wird diese Einnahmsquelle nicht mehr entbehren wollen. So ist denn ein großer Teil der heutigen Verwaltung der Länder mit einem Schlauch zu vergleichen, der unten ein Loch hat; sie sind einfach Geldverteilungsmaschinen im großen — und das nennt man noch immer Selbstverwaltung!"

Diese Worte, die in Österreich Aufsehen erregten, stammen von einem hervorragenden Praktiker und Theoretiker, dem Regierungsrat Dr. Karl Brockhausen, Universitätsprofessor in Wien, der mehrere Jahrzehnte in verschiedenen Zweigen der Verwaltung tätig war, der ein glänzendes Werk über die österreichische Gemeindeordnung veröffentlichte, dessen Meinung in den Fragen der inneren Verwaltung Gewicht hat und der mutig genug ist, die Zustände, unter denen alle heimlich seufzen, offen zu charakterisieren.

Forscht man, woraus dort die Entartung der Selbstverwaltung entsteht, so kann man folgendes feststellen:

Um Gesetzwidrigkeiten zu verhindern, sind den österreichischen Städten zwei Aufsichtsorgane gesetzt: der Staat (die politische Bezirksbehörde) und das Land (Bezirksausschuß und in letzter Instanz der Landesausschuß).

Zwischen dem Staate und den Ländern aber besteht ein Gegensatz, aus dem fast alle inneren Schwierigkeiten Österreichs hervorgehen. Der Staat repräsentiert den österreichischen Gesamtwillen; die Kronländer repräsentieren den Willen der nationalen Majoritäten und es droht die Gefahr, daß in der Staatsverwaltung Österreichs der Staatsgedanke erlischt; denn die zentralen Stellen werden mehr und mehr zu unsicheren und immerfort gefährdeten Verbindungsstücken der sich bekämpfenden Nationalitäten. Österreichs Schicksal hängt zum großen Teil davon ab, ob der Staat Herr bleibt über die Länder oder nicht.

„Unter solchen Umständen ist es eine Lebensfrage sowohl für den Staat wie für die Kronländer, wer von beiden die Gemeinde in seiner Gewalt hat."[1]

---

[1] Brockhausen, Die österreichische Gemeindeordnung, S. 237.

Und nun ist es interessant, zu beobachten, wie es den nationalen Majoritäten der Kronländer gelingt, sich der „freien" Gemeinde zu bemächtigen: zwar ist das Aufsichtsrecht sehr beschränkt, und nur in ganz wenigen, vom Gesetz bestimmten Fällen kann die Landesbehörde aus eigener Initiative in die städtische Verwaltung eingreifen. Jedoch es gibt eine Hintertür: **der Landesausschuß bildet die Berufungs- instanz gegen Beschlüsse der Stadtverwaltung**. Nach dem Geiste der liberalen österreichischen Gemeindeordnung sollte dieser Artikel natürlich nicht zur Fesselung der Städte dienen, sondern nur zum Schutze gegen offenbare Fehler. Jedoch in Wirklichkeit werden die Kommunen dadurch völlig beherrscht, denn jede Angelegenheit, von der Anstellung des Nachtwächters bis zur Verleihung des Ehrenbürgerrechts kann heute von den Landesbehörden entschieden werden, wenn nur ein Interessent Berufung einlegt; und die nationalen Majoritäten der Landesausschüsse machen hiervon den schärfsten Gebrauch. Sie erzwingen **die Kommunal- politik** — insonderheit auch die Wahlpolitik —, die ihnen für ihre nationalpolitischen Zwecke nützlich scheint; und sie beherrschen dadurch nicht nur die Gemeinden, sondern auch einen beträchtlichen Teil der staat- lichen Sphäre. Denn — und hier zeigt sich recht deutlich, wie der Druck des Nationalitätenkampfes eine bestimmte Absicht des Gesetzgebers völlig umkehrt — „im Interesse der Gemeinde-Autonomie" sind den Gemeinden wichtige staatliche Aufgaben überlassen[1], die nun durch die Hintertür der Berufung von den nationalen Majoritäten der Landesausschüsse ergriffen werden.

Auf die Spitze getrieben aber wird das alles dadurch, daß die einflußreichen Männer in den „überwachten" Städten oft identisch sind mit den einflußreichen Männern in den „überwachenden" Landesausschüssen, und daß „die gleichen Koterien hier und dort herrschen".

„Wenn dieser Apparat dazu verwendet wird, Majoritäten zu schaffen und Gegner in ihren vitalsten Interessen zu treffen, da kann von einer geregelten Verwaltung nicht mehr die Rede sein, und doch ist . . . die Versuchung zu solchem Treiben geradezu von Gesetzes wegen gegeben, und in demselben Maße wie eine der Landtagsmajorität ergebene Gemeindeverwaltung sich vieles erlauben darf, ist **eine der Landtags- majorität feindlich oder national differenzierte Gemeinde- vertretung** übel daran. So droht infolge einer seltsamen Verkettung

---

[1] Insbesondere: die Fürsorge für die Sicherheit der Person und des Eigen- tums; die Schule; Sanitätspolizei usw.

von Verhältnissen in unserm Vaterlande die Autonomie das Grab der Gemeindefreiheit zu werden!"[1]

Also erscheint das österreichische System, das dem preußischen geradezu entgegengesetzt ist, auch nicht als ideale Lösung, und die österreichischen Erfahrungen sind nicht so ergiebig, wie manche zu glauben scheinen. Noch immer bleibt die Frage unbeantwortet, ob es nicht ein Mittel gibt, den Städten im Gebiet des Nationalitätenkampfes zu einem kräftigen Bürgerstande zu helfen.

Die „Einkreisung" der Städte.

Der ehemalige Präsident der Ansiedlungskommission, Rudolf v. Wittenburg, machte Anfang der 90er Jahre den Vorschlag, die Städteentwicklung im Kampfgebiete der Nationalitäten dadurch zu beeinflussen, daß man rings um bestimmte Städte deutsche Bauernansiedlungen schaffe. Die Einkreisung der Städte.

Wer heute im Osten die deutsche Ansiedlungsarbeit studiert, begegnet überall dem Namen: Wittenburg, obwohl der geniale Mann schon seit Jahren als pensionierter Beamter zurückgezogen lebt. — Wittenburg ist ein Künstler der organisatorischen Arbeit. Er hat die Formen erdacht, in die sich die Ansiedlungskommission allmählich hineinentwickelt. Denn nach seiner Idee sollte die Ansiedlungsbehörde ein Institut werden, dessen Wirkung weit hinausragt über die Nationalitätenfrage. Schon damals, als jedermann die Ansiedlungskommission nur für eine interimistische Kampfbehörde hielt, faßte er sie als ein Unternehmen auf, das für mehrere Menschenalter geschaffen sei, um den preußischen Osten zu heben und zu entwickeln. Niemals war seine Arbeit eine hitzige Kampfesarbeit, niemals war er auf schnelle Tageserfolge bedacht, denn er war überzeugt, nur die Grundlagen zu schaffen für die ruhige und konsequente Weiterarbeit mehrerer Generationen. Daher erheben sich seine Unternehmungen und Pläne aus der Menge der Tagesprojekte. Aber die folgenreichste seiner Ideen ist — das kann man heute erkennen — die „Einkreisung der Städte", die Umzingelung der Städte mit deutschen Bauernsiedlungen.

Die Durchführung des Planes bot große Schwierigkeiten; denn sobald in der Bevölkerung bekannt wurde, die Stadt N. N. solle mit Ansiedlungen umschlossen werden, sobald also die Ansiedlungskommission, die ja ge-

---
[1] Brockhausen l. c. S. 240.

zwungen war, freihändig zu kaufen, einen bestimmten Ankaufsplan erkennen ließ, griff die Spekulation ein, und der polnische Widerstand vervielfachte sich. Dann waren die Güter, die zur Abrundung der Siedlungen dringend erforderlich waren, oft erst nach jahrelangem Kampfe oder überhaupt nicht zu erlangen.

Infolge dieser Schwierigkeiten, die erst durch das Enteignungsgesetz vom März 1908 beseitigt worden sind, hat sich die Umzingelung ganz langsam vollzogen, und man kann heute nur von einem ersten Stadium der planmäßigen Ansiedlung, gewissermaßen von einem Versuchsstadium reden. Sechs Städte sind diesem agrarpolitischen Versuch unterworfen: Mogilno, Janowitz, Briesen, Schönsee und zum Teil auch Wongrowitz und Wreschen[1]. **Diese Städte aber heben sich aus ihrer früheren Entwicklung so stark heraus, daß man sagen darf, die Einkreisung bedeute für sie den Anfang einer neuen Ära.** Und mit dieser wirtschaftlichen Entwicklung vollzieht sich auch allmählich eine nationale Verschiebung in den umzingelten Städten. Denn die Polen, die sich früher von Jahrfünft zu Jahrfünft um 10—12 % (in den Städten) vermehrten, haben sich im letzten Jahrfünft zwar um 15 % vermehrt, da der Aufschwung auch ihnen naturgemäß zugute kam; die Deutschen aber, deren Bewegung früher völlig stockte (ihre Zunahme betrug 1890—1895 nur 0,07 %, von 1895—1900 nur 1,21 %), vermehrten sich im letzten Jahrfünft (1900—1905) um 11,28 %[2]. Die Art der deutschen Bevölkerungsbewegung in den umsiedelten Städten wird noch klarer, wenn man innerhalb der deutschen Bevölkerung zwischen Juden und evangelischen Christen unterscheidet, denn im letzten Jahrfünft wanderte 1/6 der Juden ab, während sich die evangelischen Bürger um 18 % vermehrten.

Mit der Zunahme des Marktes, mit der Ausbreitung des Handwerks, mit der Einrichtung größerer Gewerbebetriebe, mit dem Ausbau des deutschen Genossenschaftswesens sind die eingekreisten Städte, die früher darniederlagen, in der Tat kleine Zentren eines erwachenden Wirtschaftslebens geworden, und in ihrem Aufschwunge erlangen die Deutschen allmählich die Führung.

Nach diesen Versuchen ist kaum zweifelhaft, daß die Ansiedlungs-

---

[1] Gnesen und Posen werden allmählich auch umzingelt, jedoch sind diese Städte zu groß, als daß heute schon erhebliche Wirkungen der jungen Umsiedlung beobachtet werden könnten.

[2] Die Zahlen beziehen sich auf die 6 kleineren Städte und Gnesen. Vgl. „20 Jahre deutscher Kulturarbeit."

kommission ihre Politik der Städteumzingelung in vergrößerter Form planmäßig weiterführen wird, und mir scheint, daß dies eine der segensreichsten Rückwirkungen des Nationalitätenkampfes ist.

Um die Tragweite der Einkreisungspolitik zu ermessen, muß man sich völlig losmachen von dem Gedanken, daß die Ansiedlungskommission nur ein Kampfinstitut sei. Denn wie man auch über die Polenfrage denken mag, es bleibt immer die Tatsache bestehen, daß die Ansiedlungskommission die größte Einrichtung für innere Kolonisation ist, ausgestattet mit solchen Machtvollkommenheiten, daß sie zu ganz ungewöhnlichen Leistungen auf diesem Gebiete fähig wird. Gerade darin aber ist sie den Privatinstituten überlegen, daß sie eine Einkreisung von Städten durchführen kann und so nicht nur die Besitzverteilung auf dem flachen Lande reguliert, sondern auch den Städten durch die Bauernumsiedlung neues Leben gibt. Denn man muß in Betracht ziehen, daß die von Latifundien umgebenen Städte des Ostens in ihrer Entwicklung stocken. "Der Großgrundbesitzer bezieht den größten Teil seines anspruchsvollern Bedarfs aus der Ferne, wenn nicht aus der Residenz, so doch aus der Provinzialhauptstadt. Seine Verkäufe — unter denen das Getreide die Hauptrolle spielt — schließt er entweder mit einer Firma an einem größeren Platz oder nur mit wenigen Spezialgeschäften der Nachbarstadt ab. Die Mehrzahl dieser Umsätze vollzieht sich also, ohne daß die kleine Ackerstadt nennenswert dabei gewinnt. Der Tagelöhner und Instmann aber kommt für die Stadt als Verkäufer so gut wie gar nicht in Frage, als Käufer nach seiner wirtschaftlichen Lage nur in bescheidenstem Umfang und hauptsächlich für das Bekleidungsgewerbe. Hieran aber kann das städtische Handwerk bei der großen Konkurrenz und dem preisdrückenden Einfluß der Industrieware nicht mehr viel verdienen. Spielt dazu noch der nationale Gegensatz mit hinein und zeigen die polnischen Arbeiter — und um solche handelt es sich nicht nur auf polnischen, sondern im allgemeinen auch auf deutschen Großgütern — die Neigung, dem deutschen Gewerbetreibenden ihre Kundschaft vorzuenthalten, so ist dessen Verarmung und schließlicher Abgang erklärlich. Und wandert der Handarbeiter ab, so sucht er in der Regel die westlichen Industriebezirke auf und nicht die Nachbarstadt, die ihm keine Arbeitsgelegenheit bieten kann.

Ganz andere Möglichkeiten wirtschaftlichen Aufblühens bieten sich dagegen einer Stadt mit **bäuerlicher** Umgebung.

Hier treten Fernhandel und Fernwanderung zurück. Der Bauer führt nicht nur eine größere Menge von Erzeugnissen zur Stadt, sondern die Eigenart seiner Wirtschaft mit ihrem Schwerpunkt in der Viehzucht bringt es mit sich, daß die Verarbeitung und der Weitervertrieb dieser Erzeugnisse einer größeren Anzahl von Händen lohnende Beschäftigung gibt.

Besonders aber als Absatzmarkt ist die Landgemeinde mit ihren zahlreichen und um ein vielfaches kaufkräftigeren Haushaltungen dem Gute weit überlegen. Die Vielseitigkeit und Kapitalintensität der Bauernwirtschaft bringt eine lebhafte Nachfrage nach den mannigfaltigsten und meist mit Vorteil im Handwerksbetriebe herstellbaren und im Kleinhandel zu vertreibenden Stoffen und Gegenständen hervor.

Ist außerdem die bäuerliche Siedlung an und für sich schon an Kopfzahl dichter, so wirkt auch die Abwanderung hier nicht lähmend, sondern befruchtend auf die Stadt, indem die jüngeren Söhne des Bauernstandes zur Erlernung und zum Betriebe eines kleinstädtischen Gewerbes oder Handwerks die Intelligenz und die Barmittel zu besitzen pflegen und so der städtischen Bevölkerung frisches Blut zuführen."

Das sind die Beobachtungen und Ideen, die der Einkreisungspolitik zu Grunde liegen und die deutlich zeigen, wie hier neben der nationalpolitischen Arbeit ein wichtiges Stück innerer Kolonisation zu leisten ist.

Jedoch um diese Politik zutreffend zu charakterisieren, bedarf es noch einiger Linien:

In der Praxis funktioniert der Bauerngürtel nicht ganz so sicher wie in der Theorie; denn wenn die deutschen Ansiedler in der Stadt keine leistungsfähigen deutschen, wohl aber gute polnische Geschäfte vorfinden, sind sie darauf angewiesen, polnische Handwerker, polnische Kaufleute, polnische Ärzte zu beschäftigen, und durchkreuzen so die Absicht der Einkreisungspolitik. Die polnische Bürgeschaft nutzt das selbstverständlich aus und verschärft den Handelsboykott dermaßen, daß die wenigen deutschen Geschäfte gelähmt, polnische Unternehmungen aber entwickelt werden. Dann forciert wohl auch — wie es z. B. in Janowitz der Fall war — die polnische Volksbank ihre Tätigkeit, und der Endeffekt ist ein polnischer Wirtschaftsaufschwung in der von deutschen Bauern eingekreisten Stadt. Um solche Rückschläge zu parieren, und um die Wirkung der Einkreisung zu stärken und zu beschleunigen, wird seit einigen Jahren mit der Einkreisungspolitik ein ergänzendes System verbunden, das je nach dem Charakter der Stadt verschiedene Formen annimmt.

In früherer Zeit erwartete man alles Heil von der Belegung der Städte mit Garnisonen. In der Tat ist das eines der wirksamsten Mittel, um die deutschen Gewerbe in kleinen und mittleren Städten schnell zu heben. Jedoch die Anwendung macht größere Schwierigkeit, als man im allgemeinen glaubt. Die Verschiebung der Truppen ist nicht nur sehr kostspielig, sondern die Städte, denen die Regimenter entzogen werden, protestieren auch so nachdrücklich gegen den Verlust, daß eine starke Truppenverschiebung — und nur eine starke Verschiebung könnte wirken — an zahlreichen latenten und offen zutage liegenden Hemmungen scheitern würde.

Die Garnisonverlegung könnte daher nur dann für das Kampfgebiet Bedeutung gewinnen, wenn sie zur Zeit einer neuen Truppenvermehrung von Anfang an nachdrücklich ins Werk gesetzt wird. — Da hierfür vorläufig keine Aussichten vorhanden sind, ist „das große Mittel der Städtepolitik" jetzt in den Hintergrund geschoben.

Ähnliches gilt von den Bemühungen, Staatsbetriebe in die Städte des Kampfgebietes zu legen, denn hier sind die Schranken durch die natürlichen Verhältnisse noch enger gezogen.

Das heute zur Ergänzung der Einkreisungspolitik angewendete System operiert vielmehr im wesentlichen mit zwei Mitteln; erstens: **städtische Ansiedlungspolitik**, zweitens: **städtische Gewerbepolitik**.

Die **städtische Ansiedlungspolitik** befördert die Ansiedlung deutscher Arbeiter; die Regulierung des städtischen Realkredits; die Entwicklung von Baugenossenschaften; die Verbesserung des Wohnungswesens.

Die **städtische Gewerbepolitik** sucht deutsche Gewerbetreibende heranzuziehen (Organisation des Stellennachweises); den Personalkredit zu erleichtern und genossenschaftlich zu organisieren.

Freilich schaffen solche Mittel leicht künstlich aufgebaute und künstlich aufrecht erhaltene Existenzen. Das Entscheidende ist daher die Art der Durchführung, die vorsichtige und — rücksichtslose Handhabung.

Planlos nach zufälligen Konnexionen ausgebreitet, stiftet das System Unheil; in Verbindung mit der Einkreisungspolitik hingegen und gestützt auf die wirtschaftliche Leistungsfähigkeit der Bauern, öffnet es den Ansiedlern die Städte und beschleunigt den Erfolg der Einkreisung.

Probleme.

Eine so tief eingreifende Maßregel wie die Einkreisungspolitik bringt naturgemäß neue Probleme hervor.

I.
Großgrundbesitz und Bauernkolonisation.

Das ist gerade gegenwärtig eine brennende Frage; denn die einen fürchten, daß aus der Kolonisation der Ansiedlungskommission eine Gefahr für den deutschen Großgrundbesitz entstehen könne; die anderen besorgen, der Widerstand des Großgrundbesitzes werde eine erfolgreiche Durchführung der preußischen Ansiedlungspolitik unmöglich machen.

Die Schwierigkeit des Problems beruht darauf, daß zwei Tatsachen einander gegenüberstehen.

Die heute noch in der Provinz Posen geltende ständische Verfassung hat zur Folge, daß der deutsche Großgrundbesitz den Deutschen die Mehrheit auf den meisten Kreistagen, in den Kreisausschüssen, Bezirksausschüssen, im Provinziallandtag, im Provinzialausschuß und im Provinzialrat sichert. Der große und verzweigte ständische Apparat, der für die wichtigsten Fragen der Landeskultur und des Verwaltungsrechts zuständig ist, funktioniert daher wesentlich mit Hilfe des deutschen Großbesitzes.

Aus diesem Grunde treten die meisten politischen Beamten in Posen für die Erhaltung des deutschen Großbesitzes ein. Sie suchen zu verhindern, daß deutsche Güter durch Zerstückelung die „Landtagsfähigkeit" verlieren und suchen in einigen bedrohten Kreisen zu erreichen, daß der deutsche Großgrundbesitz durch Schaffung sogenannter „Restgüter" gestärkt werde.

Die Sorge um die Erhaltung des deutschen Großgrundbesitzes aber wird auch dadurch vermehrt, daß die Aufteilung eines großen deutschen Gutes erfahrungsgemäß die deutschen Nachbargüter ins Wanken bringt. Hierbei wirken im Kampfgebiet der Nationalitäten gesellschaftliche Motive mit. Denn die nationale Trennung in Polen und Deutsche zerreißt ohnehin den nachbarlichen Verkehr. Kommt nun zu diesen Peinlichkeiten gar die Aufteilung deutscher Güter, so verlieren die benachbarten deutschen Großgrundbesitzer oft den letzten gesellschaftlichen Zusammenhang, der ihnen den Aufenthalt im Kampfgebiet noch menschlich erträglich machte.

Ein „fallendes Gut" zieht daher oft mehrere andere nach sich und gefährdet so das System der provinzialständischen Verwaltung in Posen. Für eine durchgreifende Abänderung der Posener Provinzialverfassung aber seien gerade die gegenwärtigen kritischen Jahre, die in den Städten und Landgemeinden erhebliche Verschiebungen bringen, ungeeignet, da sich die nationalpolitischen Folgen einer Reform nicht übersehen lassen.

Das ist die eine Tatsache und Auffassung; die andere aber, die ihr scharf gegenübersteht, ist folgende:

In dem Maße, wie sich die polnischen Landarbeitervereine entwickeln, verlieren die deutschen Großgrundbesitzer die sichere Gewalt über ihre polnischen Leute[1].

Dieser Entwicklungsprozeß schreitet schnell vorwärts. Noch vor 15 Jahren konnte Bismarck sagen: „Es ist nicht mein Programm gewesen, daß bei der Ansiedlungskommission vorzugsweise auf die Ansiedlung kleiner Leute deutscher Zunge Bedacht genommen würde. Die polnischen Bauern sind nicht gefährlich, und es ist nicht entscheidend, ob die Arbeiter polnisch oder deutsch sind. Die Hauptsache war, daß der große Grundbesitz Domäne wurde unter einem Pächter, auf den der Staat fortdauernd Einfluß behält." Bismarck motivierte das mit den Worten: „Die Schwierigkeiten, die ich in meiner vierzigjährigen politischen Tätigkeit gefunden habe, sind nicht von den Massen der polnischen Arbeiter und Bauern ausgegangen"[2].

Seitdem jedoch hat sich im Polentum Preußens die Reorganisation vollzogen, und jetzt sind in der Tat die Organisationen der polnischen Bauern und Arbeiter die Träger der polnischen Macht in Preußen.

Diese Situation verschärft sich mit jedem Jahr. Der Verband der polnisch-katholischen Arbeiter in Gnesen-Posen hat im vergangenen Jahre seine Mitgliederzahl von 25 000 auf fast 30 000 erhöht und verfügt heute über 205 Vereine; die polnischen Gewerkvereine in Posen mit etwa 5000 Mitgliedern haben seit zwei Monaten durch ihre Verbindung mit dem rheinisch-westfälischen Arbeiterverband „Zjednoczenie" neue Bedeutung gewonnen.

Obwohl die polnisch-katholischen Arbeitervereine erst vor zwölf Jahren, die polnischen Gewerkvereine sogar vor kaum sieben Jahren entstanden sind, gleitet diese Doppelorganisation heute schon in allen überwiegend polnischen Kreisen der Provinz Posen vorwärts und wird von den Pröpsten und Vikaren still und vorsichtig über alle polnischen und deutschen Güter verbreitet. Beide Vereinigungen arbeiten Hand

---

[1] Daß der deutsche Großgrundbesitz wesentlich polnische Bevölkerung hat, ist bekannt. Vielleicht aber wird folgende Gegenüberstellung Interesse finden:
In den 63 Posener Bauerngemeinden der Ansiedlungskommission gab es 1905 nur 15% Polen.
Auf den 12 staatlichen Domänen des Regierungsbezirks Bromberg hingegen waren 1905: 74% der Bevölkerung Polen; auf den 22 Domänen des Regierungsbezirks Posen gab es sogar 80% Polen, und auf den deutschen Fideikommissen leben zwischen 80 und 88% Polen.

[2] Die politischen Reden des Fürsten Bismarck, 13. Bd., S. 275.

in Hand, unterscheiden sich aber dadurch, daß der Verband der katholischen Arbeitervereine von Geistlichen geleitet wird und sich besonders der noch wenig selbständigen landwirtschaftlichen Arbeiter annimmt, für deren kulturelle Hebung er Bewundernswürdiges leistet, während der Gewerkschaftsverband zum Teil bereits von Arbeitern dirigiert wird und bis jetzt hauptsächlich Bauarbeiter umfaßt. Aber da der polnische Arbeiter einem Berufe nicht lange treu bleibt, sondern bald als Landarbeiter, bald als Industriearbeiter, bald als Maurergehilfe sein Glück versucht, fließen die Grenzen beider Verbände ineinander, und es ergibt sich schließlich das beabsichtigte praktische Resultat, daß jeder polnische Arbeiter in den Verband eintritt, der ihm am „behaglichsten" ist.

Jeder der beiden Verbände hat natürlich seine Zeitschrift. Die katholischen Arbeitervereine halten den „Robotnik" (Arbeiter), der wöchentlich erscheint und geschickt geleitet wird. Die polnischen Gewerkschaften geben ein Monatsblatt, „Siła" (Kraft), heraus. Beide Blätter werden durch Volksschriften unterstützt, und die ganze Organisation wird von der Geistlichkeit kontrolliert und gefördert. Mancher deutsche Großgrundbesitzer, der sich heute noch rühmt, „seine Leute zu beherrschen und mit dem Propst gut zu stehen", möchte es wohl auf eine ernsthafte Kraftprobe, zumal in den Erntetagen, nicht ankommen lassen; denn die Arbeitervereine, die von Jahr zu Jahr an Macht gewinnen, stehen in engem Personalzusammenhange mit den Genossenschaften und den übrigen Organisationen, die das Gerüst des polnischen Gemeinwesens in Preußen bilden[1].

Früher genügte es, einen zuverlässigen Administrator zu haben. Heute muß ein Großgrundbesitzer schon sehr umsichtig, opferwillig und ganz unermüdlich sein, wenn er wirklich die Situation beherrschen will. Die an mancherlei Rücksichten gebundenen Administratoren und Pächter aber sind heute schon wehrlos gegenüber der Wirksamkeit der polnischen Organisationen. Sie können vielleicht ihre Leute von Sokolfestlichkeiten und Straßversammlungen — einigermaßen — fernhalten, aber für die stille, werbende Tätigkeit der polnischen Arbeitervereine bieten die staatlichen Domänen und die administrierten deutschen Fideikommisse ein fruchtbares Gebiet.

Daher muß man mit der Begründung von „Restgütern" vorsichtig sein; denn die Restgüter, die man in den Bauerngemeinden stehen lassen will, könnten Lücken bilden, durch welche die polnische Organisation in

---

[1] Vgl. „Das polnische Gemeinwesen...", S. 165 ff.

die deutschen Landgemeinden hineindringt. Und die Geschichte der nationalen Kampfgebiete lehrt, daß nur große und zusammenhängende Bauerngemeinden imstande sind, ihren Mitgliedern dauernd die Nationalität zuerhalten.

Das sind die einander gegenüberstehenden Tatsachen und Meinungen, die — wenn sie schroff geltend gemacht werden — zu Konflikten im deutschen Lager führen werden[1].

Es kann unmöglich die Aufgabe dieser Schrift sein, diese verwickelte und schwierige Frage zu entscheiden, zumal sie im Kreise Mogilno anders entschieden werden muß als etwa im Kreise Kempen. Nur möchte ich auf folgendes aufmerksam machen:

Die Lösung des Problems wird nur möglich sein, wenn man Großgrundbesitz und Latifundien unterscheidet und unterschiedlich behandelt. Unermüdliche und umsichtige deutsche Rittergutsbesitzer sind in jedem Kreise des Kampfgebietes unentbehrlich. — Riesige deutsche Latifundien aber, deren Herren fern von der Provinz wohnen, sind polnisches Land.

Daß z. B. die Stadt Krotoschin allen Bemühungen zum Trotz unaufhaltsam der Polonisierung verfällt, dürfte wesentlich eine Ausstrahlung der Latifundien des Fürsten von Thurn und Taxis sein[2]. Die Verwandlung dieses großen preußischen Thronlehens in Gutsbezirke und Bauerngemeinden würde für die Stadt Krotoschin mehr bedeuten als jede andere Maßregel; denn heute können sich die deutschen Siedlungen der von Latifundien umklammerten Stadt nur in einer schmalen Zunge nähern. — Ähnliches gilt von der im Kreise Samter belegenen Herrschaft des Herzogs von Sachsen-Coburg-Gotha und ganz besonders von den beiden Herrschaften des Großherzogs von Weimar, deren Aufteilung durchaus im nationalen Interesse liegt[3]. Noch einige andere kommen in Betracht. Ihre Zahl ist nicht groß, ihr Umfang aber so erheblich, daß sie im System der deutschen Siedlungen unverantwortliche Lücken bilden würden. Denn die Latifundien, auch die deutschen Latifundien, polonisieren das Land und die von ihnen umschlossenen Städte.

---

[1] Das Donnergrollen hörte man schon am 21. Januar 1909 in der Generalversammlung des Bundes der Landwirte und am 11. Februar 1909 in den Verhandlungen des Preußischen Landes-Ökonomie-Kollegiums.

[2] Interessant ist folgende Gegenüberstellung: Die deutsche Bevölkerung des Kreises Krotoschin beträgt etwa 35%, hingegen die deutsche Bevölkerung des preußischen Thronlehens Krotoschin (von Thurn und Taxis) nur 16%.

[3] Es handelt sich um Racot im Kreise Kosten und um Chmielnik (Stenschewo) im Kreise Posen-West. Beide zusammen umfassen weit über 20000 Morgen Land, fast durchweg Acker und Wiesen.

Wenn man dies bedenkt, und wenn man sich entschließt, die Latifundien der abwesenden Herren anders zu behandeln als die Besitzungen der in Posen wirkenden Gutsbesitzer, dann wird man sich über das Verhältnis des Großgrundbesitzes zur Bauernkolonisation leichter einigen und wird den im deutschen Lager drohenden Konflikt zwischen Großgrundbesitz und Bauernkolonisation vermeiden können; denn der deutsche Großgrundbesitz ohne die Latifundien ist keineswegs so zahlreich, daß er zerstückelt werden müßte, zumal ja die Ansiedlungskommission jetzt Mittel hat, sich aus polnischer Hand genügend Grund und Boden zu verschaffen.

II.
Ansiedlungsstädte — Nichtansiedlungsstädte.

Ein anderes Problem, das aus der Einkreisungspolitik entsteht:

Es ist klar, daß die Einkreisung der Städte mit deutschen Bauernsiedlungen sich nur auf bestimmte Gebiete beziehen kann, in denen die Ansiedlungskommission zusammenhängende Kolonisationen vornimmt, denn eine Einkreisung aller oder auch nur der wichtigsten Städte ist praktisch undurchführbar. Wie nun aber die Ansiedlungskommission auch ihre Pläne gestalten mag, in jedem Falle wird sich aus der fortgesetzten Kolonisation ein neuer und eigenartiger Kontrast ergeben: „Ansiedlungsstädte" und „Nichtansiedlungsstädte".

„Typisch für die Verhältnisse in den Nichtansiedlungsstädten ist... das Darniederliegen der Erwerbsgelegenheit... das... Abwandern der Deutschen... und das Nachrücken und Aufrücken der Polen zur führenden Stellung im wirtschaftlichen Leben.

———————

Demgegenüber erscheinen die Städte, in deren Umgebung die Ansiedlungskommission ihre Tätigkeit entfaltet hat, als Brennpunkte aufstrebenden Wirtschaftslebens, und an ihrem Aufschwunge gewinnt... das Deutschtum je länger je mehr einen hervorragenden Anteil." So heißt es in der Denkschrift, welche die Regierung vor zwei Jahren veröffentlichte. Nur wurde damals noch nicht erwähnt, daß in dem Kontrast ein ganz neues Verwaltungsproblem steckt.

Weiße Städte und schwarze Städte! Städte, die dem Deutschtum allmählich gewonnen werden und Städte, die der Polonisierung verfallen.

Dieser problematische Kontrast wird immer schärfer hervortreten, denn die deutschen Siedlungen, die früher ziemlich planlos durch die verschiedensten Kreise versprengt waren, werden immer fester zu großen Ansiedlungsgebieten konzentriert, da man nur auf solche Komplexe, auf solche zusammengeballten Bauernschaften starke deutsche Wirtschaftskörper stützen kann.

Andrerseits wird immer klarer, daß man die Polen nicht „aus der Provinz drängen" oder „proletarifieren" kann. Im Gegenteil; auch sie ballen sich in gewissen Bezirken zusammen, konzentrieren dort ihr genossenschaftliches Wirtschaftssystem und schreiten in ihrer Entwicklung fort.

Also liegt es in der Natur der Dinge, daß der Kontrast: Ansiedlungsstädte — Nichtansiedlungsstädte immer mehr zu einem Verwaltungsproblem wird, d. h. zu einem Problem, welches nicht schlechthin lösbar ist, welches also nicht beseitigt werden kann, sondern der östlichen Verwaltungspolitik neue Aufgaben stellt[1].

III.
Die Belebung der Selbstverwaltung.

Mit Rücksicht auf die nationalpolitischen Kämpfe hat der Staat gezaudert, in Posen eine moderne Selbstverwaltung entstehen zu lassen. Die provinzielle Selbstverwaltung ruht heute noch im wesentlichen auf den Prinzipien der 1820er Jahre.

Posen ist die einzige preußische Provinz mit ständischer Verfassung. Hier gibt es noch die „drei Stände": Ritterschaft, Städte und Landgemeinden[2], und als im Jahre 1889 Reformen vorgenommen wurden, versah man die Posener Verfassung mit sorgfältig ausgeklügelten Kautelen, aus Furcht, die nationalen Spannungen könnten eines Tages den ganzen Apparat der ständischen Selbstverwaltung lahmlegen[3].

---

[1] Die ernsteste Aufgabe dürfte im Südzipfel der Provinz Posen entstehen, wo deutsche Bauernsiedlungen kaum mit Erfolg durchgeführt werden können. Dort suchen die polnischen Führer sich der evangelischen Polen (Adelnau, Schildberg und Kempen) zu bemächtigen, um den Übergang nach Schlesien für die polnischen Organisationen zu gewinnen. Bisher ist es der evangelischen Geistlichkeit gelungen, dies zu verhindern; jedoch der Kampf ist noch keineswegs entschieden.

[2] Auf dem Provinziallandtag hat die Ritterschaft 26 Stimmen, die Städte haben 16 Stimmen, die Landgemeinden 8 Stimmen.

[3] Die Kautelen sind im Gesetz über die Allgemeine Landesverwaltung und Zuständigkeit der Verwaltungs- und Verwaltungsgerichtsbehörden in der Provinz Posen vom 19. Mai 1889 enthalten und lauten:

In Artikel III: Die gewählten Mitglieder der Provinzialrates und des Bezirksausschusses bedürfen der Bestätigung (durch den Minister des Innern resp. den Oberpräsidenten).

Wird die Bestätigung versagt, so wird zu einer neuen Wahl geschritten. Wird

Aus derselben Sorge hat man die städtische Selbstverwaltung in Posen lange zurückgehalten und war auch dann durch die politische Situation gezwungen, die staatlichen Kontrollen schärfer zu handhaben als anderswo. Denn in den Gebieten des Nationalitätenkampfes treten die nationalen Differenzen mit solcher Wucht auf, daß sie alle Kräfte und Einrichtungen in ihre Dienste zwingen. Solange zwischen den Nationalitäten Kompromisse möglich sind, kann die allgemeine Verwaltung sich den nationalen Differenzen einigermaßen entziehen. Sobald jedoch das Stadium der Kompromisse überschritten ist, hat die Verwaltung nur die Wahl, ob sie ein Popanz der Parteien werden oder — beherrschend in den Kampf eingreifen will. In beiden Fällen ändert die Staatsverwaltung ihr normales Aussehen: sie erweicht entweder, wie in den Kampfgebieten Österreichs[1], oder sie wird hart und scharf wie in den preußischen Kampfgebieten.

Hierzu kommt, daß der Druck des Nationalitätenkampfes eine kräftige Bürgerschaft gar nicht entstehen ließ. An Stelle der Differenzierung und Gruppierung, durch die jede gesunde Bürgerschaft gegliedert und abgestuft wird, trat im Kampfgebiet eine Zersetzung der Bürgerschaft. Ganze Schichten wandern ab, und künstliche Neupflanzungen müssen vorgenommen werden. Durch nationale Spannungen wird die Bevölkerung zerteilt und in immer neue Kampfformationen geschoben.

---

auch diese Wahl nicht bestätigt, so hat die zur Bestätigung berufene Behörde das Mitglied zu ernennen.

In Artikel IV: Der Kreisausschuß besteht aus dem Landrate als Vorsitzenden und sechs Mitgliedern, welche von dem Oberpräsidenten aus der Zahl der Kreisangehörigen ernannt werden.

Die Ernennung erfolgt auf Grund von Vorschlägen des Kreistages. Lehnt der Kreistag die Aufforderung des Oberpräsidenten zur Vervollständigung dieser Vorschläge ab, so hat der Provinzialrat auf Antrag des Oberpräsidenten darüber zu beschließen, ob und welche Personen nachträglich in die Vorschlagsliste aufzunehmen sind.

Lehnt der Provinzialrat die Zustimmung ab, so kann dieselbe auf Antrag des Oberpräsidenten durch den Minister des Innern ergänzt werden.

In Artikel V: Die Mitglieder des Provinzialausschusses und deren Stellvertreter bedürfen der Bestätigung des Ministers des Innern.

Wird die Bestätigung versagt, so schreitet der Provinziallandtag zu einer neuen Wahl.

Wird auch diese Wahl nicht bestätigt, so kann der Minister des Innern die kommissarische Verwaltung der Stelle auf Kosten des provinzialständischen Verbandes anordnen.

[1] Siehe oben S. XXVIII.

Gerade deshalb aber, gerade weil man ganz deutlich erkennen kann, daß der Nationalitätenkampf bei uns zur Zersetzung der Bürgerschaft und zu einer ganz ungewöhnlichen Konzentration der bureaukratischen Macht führt, sollten Staat und Bürger alles aufbieten, um die Selbstverwaltung zu beleben und so die drohende Erstarrung des Ostens zu verhüten.

Es ist gewiß richtig, daß sich die darniederliegende Provinz ohne Staatshilfe nicht hätte aufrichten können, und es ist daher vollkommen begreiflich, daß die Leiter des staatlichen Apparates Bedenken tragen, Kräfte zu entfesseln, die ihnen vielleicht eines Tages Schwierigkeiten machen werden.

Die historische Bedeutung der ganzen Ansiedlungspolitik aber und ihre über Menschenalter dauernde Wirkung wird doch davon abhängen, ob es gelingt, die vom Staate gezeugten Wesen auf eigene Füße zu stellen. Will man wirklich den Osten lebendig werden lassen, so darf man sich vor den Gewalten, die in der Selbstverwaltung und im freien Genossenschaftswesen wirken, nicht fürchten und darf sich nicht der täuschenden Meinung hingeben, daß die Beamten alles allein erledigen können.

Es ist sicher eine Überlegenheit der absoluten Monarchie, daß sie in der Verwaltung auch bei schärfstem Vorgehen höchst differenziert und fein arbeiten kann, sei es nun im Sinne Macchiavells, sei es im friderizianischen Geiste. — Die Beamtenschaft eines konstitutionellen Staates hingegen kommt, sobald sie autokratisch handelt, zu plumpen Wirkungen; da sie zwar die Kraft zum Eingreifen hat, aber nicht die diskretionäre Freiheit der Bewegung. Sie ist, wie selbständig ihre Stellung auch sein mag, zumindesten an gewisse formelle Kontrollen gebunden und trägt daher schon in ihrer Tradition und Routine eine gewisse Starrheit und ein Bestreben, die üblichen Grenzen nicht zu überschreiten. Ihr fehlt die Beweglichkeit der wohlorientierten Selbstverwaltung.

Deshalb muß man mit dem Vorwärtsschreiten der Ansiedlungen Schritte tun, um die Selbstverwaltung zu fördern, ohne sich durch allzu große Polenfurcht einschüchtern zu lassen. Der Staat gewinnt durch die fortgesetzten Kolonisationen; gewinnt dadurch, daß er jetzt daran gehen kann, große Ansiedlungsgebiete zu schaffen und den geographischen Zusammenhang des Polentums zu durchschneiden; gewinnt durch das Damoklesschwert der Enteignung solche Gewalt, daß er es wohl wagen könnte, der Selbstverwaltung die Zügel allmählich etwas lockerer zu lassen. In den von deutschen Bauernsiedlungen umgebenen Städten würde sich die deutsche Bürgerschaft bald regen. Ebenso aber könnte man versuchen, hier und da die Polen an der Verwaltung (Magistrat) mehr als bisher teilnehmen zu lassen, und man würde nach einigen schwierigen Jahren erfahren, daß die Polen aus Liebe zur Heimat an den kommunalen Arbeiten mitwirken, zumal in solchen Städten, wo das polnische Genossenschaftswesen zentralisiert ist, und wo ruhige und ernste Männer die Leitung haben.

Man wendet ein, die Polen seien unfähig zur kommunalen Mitarbeit, „weil sie den durch ihre Stellung gewonnenen Einfluß zur Förderung nationalpolnischer Sonderinteressen und Bekämpfung deutschvaterländischer Bestrebungen mißbraucht haben und sicherlich auch in Zukunft mißbrauchen würden"[1]. Jedoch demgegenüber steht die Tatsache, daß ein energischer deutscher Verwaltungsmann, der Oberpräsident Flottwell, gerade in schwierigen Zeiten mit der Gewährung der Selbstverwaltung in Posen viel erreicht hat und die Polen mit Erfolg zur kommunalen Mitarbeit heranzog[2].

Ähnlich sollte man die kommunale Mitarbeit der Polen wenigstens zu gewinnen versuchen[3]. Denn die „Ausschaltung" der Polen hat unvermeidlich zur Folge, daß sich die polnischen Organisatoren von den städtischen Dingen zurückziehen und sich ausschließlich den polnischen Kampfinstituten, den Genossenschaften und Vereinen widmen, denen bereits ausgezeichnete Kräfte zur Verfügung stehen. Die Polen schließen sich immer schärfer ab, verlieren immer mehr den Sinn für gemeinsame heimatliche Interessen, verlieren immer mehr das Verständnis für die Leistungen der Deutschen, werden immer selbständiger,

---

[1] Vosberg Teil I dieser Publikation, S. 161.

[2] Jaffé sagt darüber: „Alles in allem genommen war gewiß bei den Polen das Niveau niedriger, war der Durchschnitt des polnischen Bürgertums für die öffentlichen Geschäfte weniger geeignet als der des deutschen. Aber diejenigen Polen die eben mit diesen Geschäften sich befaßten, brachten ihnen Wärme und natürliche Auffassung entgegen, sie zeigten nicht jene stumpfe Gleichgültigkeit, die die deutschen Bürger jener Zeit, sie mochten ihre privaten Geschäfte noch so gut zu verfolgen verstehen, im Munizipalitätsrate bewiesen. Vor allem aber brachte des Polentums Zusammenhang mit der Stadt und ihrer Vergangenheit ..... zuwege, daß in ihm ab und zu Persönlichkeiten entstanden, wie sie dem bürgerlichen Deutschtum Posens durchweg fehlten, Männer, die ihre Umgebung überragten und denen die Macht ihrer Individualität Einfluß verlieh." Teil II, S. 153.

[3] Um das durchzuführen müßten besonders erfahrene Dezernenten, welche die polnischen Verhältnisse genau kennen, bei der Bestätigung mitwirken. In all diesen Fragen ist ein schematisches Vorgehen bedenklich; mit Lokalkenntnis und Personalkenntnis aber kann viel erreicht werden.

und ihre Organisationen gewinnen immer mehr den Charakter eines Staates im Staate.

Es fragt sich, ob es staatsklug ist, diese Entwicklung noch künstlich zu steigern und dem Polentum alle Ventile zu verschließen.

Die Entscheidung dieser Frage aber wird zum guten Teil von den Polen selbst abhängen. Die Polen erschweren heute noch jeden Versuch dadurch, daß sie in unzweckmäßiger Weise rein kommunale Debatten mit nationalpolitischen Phrasen vermischen, und ihre Haltung in den Stadtparlamenten ist meist unberechenbar.

Die öffentliche Meinung im jungen polnischen Gemeinwesen ist noch so unerzogen, daß sie ernsthaft glaubt, parlamentarische Schreier, wie Korfanty und Kulerski, und demagogische Agitatoren, wie Rzepecki in Posen, seien ideale Vorbilder. Man scheint kaum zu bemerken, daß die Reden jener Männer dem unbefangenen Hörer komisch erscheinen und die Achtung vor den repräsentativen Fähigkeiten der Polen verringern.

Jedoch die Polen machen Fortschritte, und einer ihrer besonnensten Führer, Adam Napieralski, veröffentlichte kürzlich eine Studie, die zu so lebhaften Erörterungen führte, daß man leicht erkennen konnte, wie wichtig das Problem den Polen heute erscheint.

Es ist ein sozialpädagogisches Problem. Es gilt den mißtrauischen Massen klar zu machen, daß die Polen sich selbst nur Unheil zufügen, wenn sie von ihren Abgeordneten und Stadtverordneten Geschrei und Klagen und Phrasen verlangen. Es gilt die dumpfe Menge zu überzeugen, daß es nicht Kriecherei und Charakterlosigkeit ist, wenn heute ein polnischer Delegierter an den Arbeiten der Kommissionen ernsthaft mitwirkt.

An der Spitze der aufklärenden Bewegung steht das kleine Blatt: „Poseł do ludu polskiego" („Der Abgeordnete zum polnischen Volke"), das seit kurzem von Adam Napieralski herausgegeben wird, und das man heute schon als das Organ der polnischen Fraktion bezeichnen kann. Die Grundidee ist: **Kein Geschrei, sondern positive Arbeit!**

Das Interesse für kommunale Angelegenheiten, das in den letzten Jahrzehnten den Polen fast entschwunden war, regt sich seit kurzem auffallend lebhaft. So war es z. B. etwas Neuartiges, als Dr. Juljusz Trzciński im Sommer 1908 über „Kommunalpolitik" sprach.

Kurze Zeit darauf trat „Ruch chrzescianko-spoleczny" energisch dafür ein, daß man soziale Kurse mit besonderer Berücksichtigung der Kommunalpolitik veranstalte. — Früher berührte die polnische Presse städtische Debatten nur, wenn irgendwelche nationalen Ärgernisse dabei zur Sprache gebracht werden konnten. Seit einigen Monaten bringt der Postęp (eine der verbreitetsten Tageszeitungen) regelmäßige Berichte über die Verhandlungen der Posener Stadtverordneten; und die Art, wie neuerdings allgemeine Angelegenheiten (Wohnungsfrage, Wert= zuwachssteuer usw.) ruhig und sachlich von einigen Polen behandelt werden, zeigt, daß die Idee der „positiven Arbeit" — Pozytywna praca — nicht ganz hoffnungslos ist.

———————

Printed by Libri Plureos GmbH
in Hamburg, Germany